FSC
www.fsc.org
MIX
Papier aus ver-
antwortungsvollen
Quellen
Paper from
responsible sources
FSC® C105338

Tröstet tröstet mein Volk

Wem gehört Israel

Anna Christine Berghaus

Impressum

Titel:	Tröstet tröstet mein Volk
Untertitel:	Wem gehört Israel
Autorin:	Anna Christine Berghaus
Cover :	Anna Christine Berghaus
Korrektorat:	Sigrid Mona Engels
Copyright:	© 2024 Anne Berghaus
ISBN:	978-3-7597-8432-2

Verlag: BoD • Books on Demand GmbH, In de Tarpen 42, 22848 Norderstedt

Druck: Libri Plureos GmbH, Friedensallee 273, 22763 Hamburg

Einen besonderen Dank gilt der lieben

Sigrid Mona Engels,

für die Korrektur in diesem Büchlein.

Inhaltsverzeichnis

Vorwort

In meinem Büchlein „Ein Leben mit Gott ist total spannend," habe ich darüber berichtet, wie ich Jesus in meinem Leben aufgenommen habe und wie Gott mir Heilung von seelischen Verletzungen geschenkt hat.

Nun möchte ich darüber berichten wie sich biblische Prophetie in Bezug auf Israel vor unseren Augen erfüllt. Denn Gott hatte versprochen, dass am Ende der Zeiten die Juden aus der Fremde zurück in ihr Land Heimkehren. In diesem Büchlein habe ich das Thema Israel und Biblische Prophetie nur ansatzweise beschrieben. Ich hoffe, dass Sie lieber Leser weiter in der Bibel forschen und nach Gottes Wahrheit suchen.

Hierzu empfehle ich ihnen auch folgende Bücher:

Die Bibel, die gute Nachricht

Biblische Prophetie und der Nahe Osten – Gottes Zeiger an der Weltenuhr, von Derek Prince

Nun wünsche ich dem Leser Gottes reichen Segen.

Anne Berghaus

Ein Blick nach Israel

Die jüngere Geschichte des Volkes Israel ist ein Beweis für die Existenz Gottes.

Vor unseren Augen und vor den Augen der Welt sammelt Gott sein Volk, die Juden von den vier Enden der Erde und bringt sie zurück in sein Land.

Jeremia 16, 14 – 15

Darum wisset wohl, es kommt die Zeit, so lautet der Ausspruch des Herrn, da wird man nicht mehr sagen: So wahr der Herr lebt, der die Kinder Israel aus dem Land der Ägypter herausgeführt hat!

Sondern: So wahr der Herr lebt der die Kinder Israel herausgeführt hat aus dem Nordlande und aus all den Ländern, wohin er sie verstoßen hatte.

Jeremia sagte hier voraus, dass eine Zeit kommen soll, die viel größer ist als der damalige Auszug der Juden aus den Land der Ägypter.

Mit dem Nordlande sind Russland, Polen, Deutschland und weitere andere Länder gemeint.

Jeremia 31,10

Hört ihr Völker, des Herrn Wort und verkündet es fern auf den Inseln und sprecht. Der Israel zerstreut hat, der wird Israel auch wieder sammeln und er wird es hüten wie ein Hirte seine Herde.

Diese prophetischen Worte von Jeremia sind ca. 2600 Jahre alt und erfüllen sich zu unseren Lebzeiten.

In Jesaja 43, 5 – 6 heißt es:

So fürchtet euch nun nicht, denn ich bin bei dir. Ich will von Osten deine Kinder bringen und dich vom Westen her sammeln, ich will sagen zum Norden: Gib her! Und zum Süden: Halte nicht zurück! Bring her meine Söhne von Ferne und meine Töchter vom Ende der Erde.

Weitere Beweise für die Existenz Gottes sind:

- **Die Schöpfung:** In der Natur nehmen wir die geniale Kraft und Ordnung wahr. So kommt es, dass nicht nur naive und kindliche Gemüter an Gott den Schöpfer glauben, sondern auch Naturwissenschaftler aller Fachrichtungen. (Psalmen 19, 2 – 7 und Römer 1, 19 +20)

- **Das Gewissen des Menschen** Unabhängig von der persönlichen, sozialen und kulturellen Prägung hat jeder von uns ein „natürliches" sittliches Empfinden von Recht und Unrecht. Unser Gewissen soll uns zu Gott treiben, denn bei ihm allein ist Vergebung und Gnade. (Psalm 130,7 und 1. Petrus 3,21)

- **Gebetserhörungen** Seit es Menschen gibt, machen sie solche Erfahrungen. Sie rufen in einer großen Not zu Gott und sie erleben Hilfe. (Psalm 50,15) Gott möchte sich durch seinen gütigen Beistand bekannt machen. (Matthäus 5,45)

- **Gott tut Wunder** Von vorne bis hinten ist die Bibel voll von Berichten über Gottes Wunder.

- **Jesus Christus, Gottes Sohn** Das Leben Jesu war gekennzeichnet von ständigen Wundern und Zeichen; sie waren der Beweis seiner göttlichen Sendung. (Johannes 10, 36-38)

- **Die Geschichte des Volkes Israel** Wovon wir in diesem Büchlein hören.

Wer mein Volk verflucht, der wird von Gott verflucht

Eine biblische Prophetie ist die Wiederherstellung und Sammlung Israels in ihrem verheißenen Land, die sich am 14. Mai 1948 erfüllte: Der Staat Israel proklamierte seine Unabhängigkeit. Eine provisorische Regierung wurde ernannt.

Vorausgegangen ist die Judenverfolgung und Vernichtung der Juden während des 2. Weltkrieges, in Deutschland und Europa.

Nazi-Deutschland wollte die Juden ausrotten. Das sogenannte 1000- jährige Deutsche Reich wurde nach nur 12 Jahren vernichtet.

Schande und Scham kam über Deutschland:

6 Millionen ermordete Juden. Wie konnte das geschehen?

Aber Gott hat dem deutschen Volke vergeben und es wieder aufgerichtet. Lasst uns alle wachsam sein, dass so etwas nie wieder geschieht.

Nach dem zweiten Weltkrieg waren die Kirchen und Gotteshäuser in Deutschland voll und gut besucht.

2. Chronik 7, Vers 14

Wenn dann dieses Volk, über dem mein Name ausgerufen ist, sich besinnt, wenn es zu mir betet und von seinen falschen Wegen wieder zu mir umkehrt, dann werde ich im Himmel sein Gebet hören. Ich will ihm alle Schuld vergeben und auch die Schäden des Landes wieder heilen.

Das ist echt gewaltig, dass Gott dem deutschen Volke vergeben hat.

Eine Segens-Linie kann durch Buße und Gebet entstehen.

Des Weiteren kann eine Segens-Linie durch Gebet und Fürbitte entstehen.

Es gab immer wieder Menschen, die für mich und auch für unsere Familie beteten. Aus Erzählungen meines Vaters, weiß ich, dass in der Familie viel Fürbitte geleistet wurde: Da waren meine Großeltern, Großtante und ein Großonkel, der katholischer Pastor war. Dieser Pastor, diente viele Jahre in einer kleinen Stadt als Pastor. Während des zweiten Weltkrieges zog er eine Gebetsmauer um diese Stadt. Er lief immer wieder um den Ort herum und betete um Schutz. Dieser Ort blieb im Krieg von Bomben verschont.

Eine weitere Segens-Linie in unserer Familie väterlicherseits hat nach meinen Erkenntnissen damit zu tun, dass die Familie sich während der Nazizeit besonders für Juden einsetzte.

In der Bibel kann man lesen: Alle, die dir und deinen Nachkommen Gutes wünschen, haben auch von mir Gutes zu erwarten.

1. Mose 12, Vers 1-3:

1 Da sagte der HERR zu Abram: „Verlass deine Heimat, deine Sippe und die Familie deines Vaters und zieh in das Land, das ich dir zeigen werde! 2 Ich will dich segnen und dich zum Stammvater eines mächtigen Volkes machen. Dein Name soll in aller Welt berühmt sein. An dir soll sichtbar werden, was es bedeutet, wenn ich jemand segne. 3 Alle, die dir und deinen Nachkommen Gutes wünschen, haben auch von mir Gutes zu erwarten. Aber wenn jemand euch Böses wünscht, bringe ich Unglück über ihn. Alle Völker der Erde werden Glück und Segen erlangen, wenn sie dir und deinen Nachkommen wohlgesinnt sind."

Wem gehört Israel?

Die Beweisführung der Existenz Gottes anhand von Israel geht sogar noch weiter. Wohltäter und Freunde der Juden sollen gesegnet werden, und wer sich an ihnen vergreift, der bekommt es mit Gott selbst zu tun.

Betrachten wir Jesaja 43, 5 – 6 einmal näher.

So fürchtet euch nun nicht, denn ich bin bei dir. Ich will von Osten deine Kinder bringen und dich vom Westen her sammeln, ich will sagen zum Norden: Gib her! Und zum Süden: Halte nicht zurück! Bring her meine Söhne von Ferne und meine Töchter vom Ende der Erde.

Alle biblischen Richtungsangaben gehen von Jerusalem aus. Denn aus Gottes Sicht ist Jerusalem das Zentrum der Erde.

Der Plan Gottes mit Israel und dem Volk der Juden begann mit ihrem Stammvater Abraham. Entgegen dem göttlichen Plan zeugte Abraham mit der ägyptischen Magd Hagar den Ismael. Ismael sollte das verheißene Land aber nicht erben. Er bekam das Land der heutigen arabischen Nationen. Der Sohn der

Verheißung heißt Isaak. Nur über Abraham und seine beiden Söhne Ismael und Isaak ist der Konflikt zwischen den arabischen Staaten und Israel zu verstehen.

Das heutige Israel ist gerade mal so groß wie das Deutsche Bundesland Hessen. 21.000 Quadratkilometer.

Also ist Israel ein sehr, sehr kleines Land auf dieser Erde und doch so sehr präsent.

Von beiden Seiten, Israel und den arabischen Nationen , werden immer wieder verschiedene Land - Ansprüche aufgestellt und mit verschiedenen Abschnitten der historischen Entwicklung des Landes begründet.

Wer die Autorität der Bibel anerkennt, für den gibt es keinerlei Zweifel , wem das Land gehört.

Psalm 24,1

„Dem Herrn gehört die Erde und ihre Fülle, der Erdkreis und seine Bewohner."

Durch das Schöpfungsrecht ist Gott der Besitzer der gesamten Erde und allem, was darauf ist. Deshalb hat Gott auch das absolute Recht, die ganze Erde oder

Teile davon bestimmten Menschen oder Völkern zu geben.

Obwohl Gott die ganze Erde gehört, gibt es ein Stück Land, auf das er besondere Ansprüche erhebt: Das Land Israel.

In dieser Bibelstelle, die wir im Buch Hesekiel finden, steht, dass Israel am Ende der Zeit von Norden her durch den Staatenbund von Gog und Magog angegriffen wird.

Hesekiel 38,16

„Du wirst gegen mein Volk Israel heranziehen wie eine Wetterwolke, um das Land zu bedecken. Am Ende der Tage wird es geschehen, dass ich dich gegen Mein Land zu Felde ziehen lasse, damit die Heidenvölker Mich erkennen lernen, wie Ich Mich vor ihren Augen an dir, Gog, als der Heilige erweise.

Joel 4,2

„Da will ich alle Heidenvölker versammeln und sie in das Tal Josaphat hinabführen, um dort mit ihnen ins Gericht zu gehen wegen Israel, meines Volkes und meines Eigentums, weil sie es unter die Heiden zerstreut und mein Land aufgeteilt haben.

Als absoluter Eigentümer des Landes Kanaan hat Gott es einer besonderen Gruppe gegeben, nämlich Abraham, Isaak, Jakob und seinen Nachkommen.

1. Mose 17, 7 – 8

„Ich will meinen Bund errichten zwischen Mir und dir und deinen Nachkommen nach dir, Geschlecht für Geschlecht, als einen ewigen Bund, um dein Gott zu sein und deiner Nachkommen nach dir. Und ich will dir und deinen Nachkommen nach dir das Land, in dem du als Fremdling weilst, nämlich das ganze Land Kanaan, zum ewigen Besitz geben und will ihr Gott sein.“

Auch Isaak, nicht Ismael, verspricht Gott das Land, nachdem Abraham gestorben ist.

1. Mose 26, 3 – 5

„Bleibe als Fremdling in diesem Lande wohnen; Ich will mit dir sein und dich segnen; denn dir und deinen Nachkommen will ich all diese Länder geben und so den Eid erfüllen, den ich deinem Vater Abraham geschworen habe: „Ich will deine Nachkommen so zahlreich werden lassen wie die Sterne am Himmel und will deinen Nachkommen alle diese Länder geben; und in deiner Nachkommenschaft sollen alle Völker der Erde gesegnet werden."

Warum hat Gott zu Abraham und somit zu den Menschen gesprochen?

Gott hat zuerst zu einem Menschen gesprochen, nämlich zu Abraham aus den jüdischen Volk, dann hat Gott zu einem ganzen Volk gesprochen, zu den Juden. Durch Mose haben die Juden die 10 Gebote bekommen. Gott hat den Juden Gebote zum Leben gegeben um dass sie ein gutes Leben haben. Durch den Juden Jesus Christus hat Gott der ganzen Wellt seinen Heilsplan bekannt gemacht. Bis heute haben die Juden Jesus als Retter nicht anerkannt. Aber Jesus hat gesagt, dass er am Ende der Zeiten wieder kommt, diesmal nicht als Baby sondern als der König aller

Könige und als der Herr aller Herren. Wenn das geschieht, dann werden die Juden Jesus Christus erkennen. Zu diesen Zeitpunkt geht die Zeit der Nationen zu Ende. Sie werden nicht mehr gerecht werden können.

Jesus hat die Menschen von der Sünde erlöst

Johannes 3, 16 - 18

Denn so sehr hat Gott die Welt geliebt, daß er seinen eingeborenen Sohn gab, damit jeder, der an ihn glaubt, nicht verlorengeht, sondern ewiges Leben hat.

Denn Gott hat seinen Sohn nicht in die Welt gesandt, damit er die Welt richte, sondern damit die Welt durch ihn gerettet werde.

Wer an ihn glaubt, wird nicht gerichtet; wer aber nicht glaubt, der ist schon gerichtet, weil er nicht an den Namen des eingeborenen Sohnes Gottes Geglaubt hat.

Wie können wir ein Segen für Israel sein?

Papst Johannes der XXIII gab ein Beispiel dafür, wie die christlichen Kirchen die Schuld gegenüber den Juden anerkennen und Wiedergutmachung suchen sollten. Als er noch Erzbischof war, hatte er viele Juden vor den Nazis gerettet. Später als Papst hat er folgendes Gebet veröffentlicht. Es sollte in allen Kirchen gebetet werden.

„Vater im Himmel, wir sind uns heute bewusst, dass wir viele Jahrhunderte blind waren und deshalb die Herrlichkeit deines auserwählten Volkes nicht erkannt haben. Wir haben in ihren Gesichtern nicht erkannt, dass sie unsere von dir bevorrechtigten Brüder sind. Viele ihrer Tränen haben wir verursacht, weil wir deine Liebe vergessen hatten.

Vergib uns, dass wir an den Namen der Juden fälschlich einen Fluch gehängt haben.

Vergib uns, dass wir dich in ihrem Fleisch ein zweites Mal kreuzigten. Denn wir wussten nicht was wir tun.“

Amen

Eine wichtige Ursache von antisemitischer Haltung bei Christen gegenüber den Juden ist die folgende christliche Theologie gewesen. „Die Juden haben Jesus getötet."

Zum Beispiel hat der berühmte Prediger Johann Chrysostomus, der in der katholischen Kirche als Heiliger gilt folgendes über die Juden in seinen Predigten gesagt:

„Die Juden sind wollüstig, raubgierig, geizig, gemeine Banditen, abscheuliche Mörder, Zerstörer, von Teufeln besessene Menschen... Fresser und Säufer mit Manieren von Schweinen und Ziegenböcken..."

Es ist tragisch, dass er und andere, die ähnliche Behauptungen aufstellten, dadurch viele Christen durch die Jahrhunderte hindurch negativ beeinflusst haben.

Leider waren die Protestanten auch nicht frei von Schuld antijüdischer Vorurteile. Nach Martin Luther verdienen die Juden die schwersten Strafen und ihre Synagogen sollten dem Erdboden gleich gemacht werden.

Jahrhunderte später, als die Nazis in Deutschland an die Macht kamen, benutzten sie diese Erklärungen von katholischen und evangelischen Theologen, um damit die Politik der Judenverfolgung zu rechtfertigen.

Als Christen sind wir betrübt über die Rolle, die viele Christen bei der Verfolgung des jüdischen Volkes im Laufe der Geschichte spielten. Wir distanzieren uns davon und bringen das mit folgendem Gebet zum Ausdruck.

Gebet

Vater im Himmel, vergib uns und unseren Vorfahren unsere Schuld, wo wir den Juden, deinem auserwählten Volk, böses angetan haben. Viele unserer Vorfahren haben einen Eid auf Hitler geschworen und uns so unter einen Fluch gebracht. Im Namen Jesus Christus löse ich mich und meine Familie aus dem Fluch, der durch Antisemitismus und der Gefolgschaft von Adolf Hitler auf mich und meine Familie gekommen ist. Jesus bitte vergib mir und meinen Vorfahren alles schlechte denken über Juden, alles schlechte reden gegenüber Juden und alles schlechte handeln an Juden, deinem auserwählten Volk. Hilf uns, dass wir ein Segen für dein auserwähltes Volk sein können.

Amen

Heute hat der Heilige Geist schon vielen christlichen Predigern des Wortes Gottes aufs Herz gelegt, neben der Verkündigung des Evangeliums von Jesus Christus auch immer wieder darauf hinzuweisen, dass Gottes prophetisches Wort im Blick auf Israel in Erfüllung geht und das Gott dabei ist, Israel zu sammeln und aufzubauen, wodurch wir das nahende Ende dieses Zeitalters erkennen können.

Obwohl Israel nicht perfekt ist und nicht alles richtig macht, so ist Israels Existenz und Israels Gründung doch rechtmäßig und moralisch richtig. Israel ist umgeben von Ländern und Organisationen, die sich der Zerstörung Israels verschrieben haben.

Warum unterstützen Christen Israel?

- Weil viele Christen anhand der Bibel Gottes Absichten mit dem jüdischen Volk erkannt haben. Die Bibel sagt sehr deutlich, dass das jüdische Volk das Land Kanaan von Gott selbst erhalten hat.

- Durch das Volk der Juden schenkte Gott der verlorenen Welt sein Wort, die Bibel, die Propheten, die Bündnisse und den Messias.

Römer 9, 4 – 5

Sie, die Israeliten, sind doch von Gott auserwählt und dazu bestimmt, seine Kinder zu sein. Gott hat sich diesem Volk in seiner Macht und Herrlichkeit offenbart. Immer wieder hat er mit ihnen einen Bund geschlossen, er hat ihnen sein Gesetz gegeben. Sie dienen Gott im Tempel, und ihnen gelten seine Zusagen. 5 Abraham, Isaak und Jakob sind ihre Vorfahren, und Christus selbst stammt nach seiner menschlichen Herkunft aus ihrem Volk. Ihm, der Gott ist und über alles regiert, gebühren Lob und Ehre bis in Ewigkeit. Amen.

In der Bibel lesen wir, dass Gott, obwohl er ankündigte, Israel würde wegen seines Ungehorsams aus dem Land vertrieben werden, es wieder zurückzubringen – und dies nicht nur einmal, sondern zweimal.

Jesaja 11,11 Wenn diese Zeit da ist, streckt der Herr noch einmal seine Hand aus, um den Rest seines Volkes zu befreien. Von überall holt er die übrig gebliebenen Israeliten zurück: aus Assyrien, aus Unter- und Oberägypten, aus Äthiopien, aus Elam in Persien, aus Babylonien, aus Hamat in Syrien und von den fernen Inseln und Küsten.

Gottes Pläne mit Israel sind noch nicht abgeschlossen.

Jeremia 31,36

Gott der Herr sagt: „So wie diese feste Ordnung für immer besteht, wird auch Israel für immer mein Volk sein."

Eines Tages wird Israel zum Erstling unter den Völkern werden. Dann wird das Wort des Herrn von Jerusalem zu den Nationen ausgehen.

Jesaja 2,3

Viele Völker ziehen los und rufen einander zu: „Kommt, wir wollen auf den Berg des HERRN steigen, zum Tempel des Gottes Israels! Dort wird er uns seinen Weg zeigen, und wir werden lernen, so zu leben, wie er es will." Denn vom Berg Zion aus wird der HERR seine Weisungen geben, dort in Jerusalem wird er der ganzen Welt seinen Willen verkünden.

Israels Messias wird in Gerechtigkeit herrschen. Er wird die Nationen mit eisernem Stab regieren und die Völker werden nicht mehr lernen, Krieg zu führen.

Jesaja 2,4 Gott selbst schlichtet den Streit zwischen den Völkern, und den vielen Nationen spricht er Recht. Dann schmieden sie ihre Schwerter zu Pflugscharen um und ihre Speere zu Winzer Messern. Kein Volk wird mehr das andere angreifen; niemand lernt mehr, Krieg zu führen.

Als Christen sind wir aufgefordert, Israel zu trösten und zu ermutigen.

Jesaja 40,1 – 11

So spricht euer Gott: »Tröstet, ja, tröstet mein Volk! 2 Ermutigt die Einwohner Jerusalems! Ruft ihnen zu: Nun habt ihr genug gelitten! Die schreckliche Zeit ist vorbei! Der HERR hat euch voll und ganz für eure Sünden bestraft. Eure Schuld ist beglichen.« 3 Hört! Jemand ruft: „Bahnt dem HERRN einen Weg durch die Wüste! Baut eine Straße durch die Steppe für unseren Gott! 4 Jedes Tal soll aufgefüllt, jeder Berg und Hügel abgetragen werden. Alles Unebene soll eben werden und alles Hügelige flach. 5 Denn der HERR wird kommen in seiner ganzen Herrlichkeit. Alle Welt wird ihn sehen, so hat er selbst es angekündigt." 6 Hört! Jemand sagt zu mir: „Sprich zu den Menschen!" „Was soll ich ihnen denn sagen?", frage ich. »Sag: Die Menschen sind wie das Gras, und ihre Schönheit gleicht den Blumen: 7 Das Gras verdorrt, die Blumen verwelken, wenn der HERR seinen Atem darüber wehen lässt. Ja, nichts als Gras ist das Volk. 8 Das Gras verdorrt, die Blumen verwelken, aber das Wort unseres Gottes bleibt gültig für immer und ewig." 9

Steig auf einen hohen Berg, Jerusalem! Du hast eine gute Nachricht zu verkünden, Berg Zion. Ruf sie mit lauter Stimme in die Welt hinaus! Ruf laut und scheue dich nicht! Sag den Städten im Land Juda: „Seht, da kommt euer Gott!" 10 Ja, der HERR kommt als ein mächtiger Gott. Er herrscht mit großer Kraft. Den Lohn für seine Mühe bringt er mit: sein Volk, das er sich erworben hat. Es geht vor ihm her. 11 Er sorgt für sein Volk wie ein guter Hirte. Die Lämmer nimmt er auf den Arm und hüllt sie schützend in seinen Umhang. Die Mutterschafe führt er behutsam ihren Weg.

Jesus kommt bald und damit möchte ich meinen Bericht beenden.

Offenbarung 22:7
Siehe, ich komme bald. Selig ist, der da hält die Worte der Weissagung in diesem Buch.